AF215601

Jutta Schütz

wurde in Lebach (Saarland) geboren.

Mit ihrem ersten Bestseller "Plötzlich Diabetes" (2008) gilt die Autorin bei Kritikern als Querdenkerin. 2010 startete sie mit ihren Gesundheitsbüchern ihr Pilotprojekt in Bruchsal und später bei der VHS in Wolfsburg. Schütz schreibt Bücher, die anspornen, motivieren und spezielles Insiderwissen liefern. Sie hat bis heute viele Bücher geschrieben und an vielen anderen Büchern mitgewirkt. Zudem hilft sie als Mentorin und Coach vielen Neuautoren bei der Veröffentlichung ihrer Bücher.

Als Journalistin schreibt sie für viele Verlage und Zeitungen. Ihre Themen sind: Gesundheit, Psychologie, Kunst, Literatur, Musik, Film, Bühne, Entertainment. Weitere Informationen zur Autorin und ihren Büchern findet man in den Verlagen, auf ihrer Webseite sowie im Kultur-Netzwerk.

Mehr Infos finden Sie auf der Webseite:

www.jutta-schuetz-autorin.de

www.die-gruppe-48.net/Funktionstraeger

INHALTSVERZEICHNIS

Das Eiweißpulver
Johannisbrotkernmehl

Kohlenhydratreduzierte Ernährung

Die Faktoren der Gesundheit definiert die WHO (Weltgesundheitsorganisation) als „Das Ausbleiben von Krankheiten". Gesundheit gilt als einer der wichtigsten Faktoren für Zufriedenheit und Glück. In den vergangenen Jahrzehnten entstanden viele Ernährungsumstellungen und Diäten, dass es mitunter sehr ermüdend ist, sich mit diesem Themenkreis überhaupt noch zu befassen, zu enttäuschend waren die Resultate. Die Gesundheit ist aber kein Geheimnis!

Unsere tägliche Nahrung kann uns resistent und stark gegenüber vielen Zivilisationskrankheiten machen, sie hilft uns die Immunabwehr des Organismus aufzubauen. Sie können Ihr Leben leichter machen, indem Sie Ihre Ernährung auf „Kohlenhydratreduzierung" umstellen. Low Carb ist kein Geheimnis und auch keine besondere Herausforderung, sondern lediglich eine gesündere Ernährung.

Viele Menschen leiden heutzutage unter einer Zivilisationskrankheit wie zum Beispiel:

- Diabetes
- Multiple Sklerose
- Darmerkrankung
- Epilepsie
- AD(H)S
- Krebs
- Depressionen
- usw.

In den Low Carb Büchern der Autorin Jutta Schütz erfahren Sie, wie man seinem Körper mit kohlenhydratarmer Ernährung etwas Gutes tun kann. Neben spannenden Hintergrundinfos zu Low Carb findet man in den Büchern leckere, unkomplizierte und kohlenhydratarme Rezepte für Jedermann.

© **2019 Autor: Jutta Schütz**
© 2019 Buchsatz, Layout, Buchgestaltung
© 2019 Buchidee: Jutta Schütz
www.jutta-schuetz-autorin.de

Herstellung und Verlag:
BoD – Books on Demand, Norderstedt.

ISBN: 9783749429684

Das Werk, einschließlich seiner Teile, ist urheberrechtlich geschützt. Jede Verwertung ist ohne Zustimmung des Verlages und des Autors unzulässig. Dies gilt insbesondere für die elektronische oder sonstige Vervielfältigung, Übersetzung, Verbreitung und öffentliche Zugänglichmachung.

Bibliografische Information der Deutschen Nationalbibliothek: Die Deutsche Nationalbibliothek verzeichnet diese Publikation in der Deutschen Nationalbibliografie; detaillierte bibliografische Daten sind im Internet über http://dnb.d-nb.de abrufbar.

Die im Buch veröffentlichten Ratschläge wurden von mir sorgfältig geprüft. Eine Garantie kann ich dennoch nicht übernehmen. Ebenso ist die Haftung von mir bzw. des Verlages für Personen-, Sach- und Vermögensschäden ausgeschlossen. Alle Markennamen, Warenzeichen und sonstigen eingetragenen Trademarks sind Eigentum ihrer rechtmäßigen Eigentümer und dienen hier nur der Beschreibung.

Jutta Schütz

Türkisches
LOW CARB

Brot auf Vorrat: Low Carb Körnerbrot

Menge: Ergibt 10 Brote à 400 g / Pro Brot 8 - 10 Scheiben

Pro 1 Scheibe = 12 Kohlenhydrate

❖ **Zutaten:**

500 g Sesamkörner

500 g Leinsamen

200 g Sonnenblumenkerne

600 g gem. Mandeln

700 g Eiweißpulver

6 Päckchen Trockenhefe

1 gehäufter EL Salz

6 Eier

250 ml Sonnenblumenöl

750 g sehr warmes Wasser

❖ Zubereitung:

Eine sehr große Schüssel nehmen, alle trockenen Zutaten (auch die Trockenhefe) hinein geben und gut durchmischen. Anschließend alle nassen Zutaten hinzu geben und gut durchkneten.

Der Teig bröselt etwas. Auf einer Waage je 400 g abwiegen und zu einer länglichen (Durchmesser: ca. 7 - 8 cm) Rolle formen. Die Rolle ist ca. 13 - 15 cm lang.

Auf ein Backblech (mit Papier auslegen, NICHT einfetten) passen 6 Brote. Backzeit: zirka 45 Minuten bei 180 Grad.

ACHTUNG: Das Brot vor dem Backen zirka 45 Minuten gehen lassen!

Jedes Brot in ca. 8 - 10 Scheiben schneiden und einfrieren (Zwischen jede Scheibe ein kleines Stück Alufolie legen).

Frisch hält sich das Brot zirka 3 - 4 Tage (Im Kühlschrank).

Gefroren nach Bedarf auf den Toaster legen und jede Seite einmal toasten.

Tipp: Bestreichen Sie ein paar Scheiben des Brotes leicht mit Schmand und legen es auf ein Backblech (mit Backpapier). Mit Gewürzen wie: Etwas Salz, Pfeffer, (wenig Paprika und Pizza-Gewürz) würzen und dann mit jungem Gouda im Backofen bei 160 Grad 10 Minuten überbacken. Dazu Salat reichen.

Fladenbrot

❖ **Zutaten:**

5 Eier

180 g gemahlene Mandeln

180 ml Milch

3 EL frische Kräuter (oder getrocknete Kräuter)

100 g Kräuter-Frischkäse

1 TL Salz

2 TL Johannisbrotkernmehl (pflanzliches Bindemittel)

2 EL Rapsöl

❖ **Zubereitung:**

Alle Zutaten (ohne das Rapsöl) in eine Schüssel geben und gut miteinander mischen.

Öl in einer Pfanne erhitzen und nacheinander 6 kleine Fladen backen.

Kichererbsen-Brot

❖ **Zutaten:**

400 g Kichererbsenmehl

200 g Butter

1 TL Salz

2 TL Natron

10 Eier

4 EL grob gemahlene Haselnüsse

❖ **Zubereitung:**

Eier trennen, Eiweiß steif schlagen.

Restliche Zutaten (nur 2 EL Nüsse) miteinander verrühren, Eiweiß unterheben.

Kastenform mit Butter einstreichen und mit 2 EL Haselnüssen ausstreuen, den Teig einfüllen.

Bei 180 Grad zirka 50 Minuten backen.

Low Carb Döner

❖ **Zutaten:**

600 g Hähnchenbrust

3 Eier

6 Scheiben Salatgurke

2 Salatblätter

2 Eier

1 Tomate

1 Zwiebel

200 g Kräuterquark

100 g Quark

3 EL Eiweißpulver (neutral)

2 EL Butter

½ Pack Backpulver

50 ml Mineralwasser

2 EL Olivenöl

½ TL Salz (2 x)

2 Prisen Pfeffer (2 x)

½ TL Knoblauchpulver

½ TL Zwiebelpulver

1 EL Petersilie (getrocknet)

2 – 3 Spritzer Süßstoff

❖ Zubereitung:

Für das Fladenbrot:

Eiweißpulver und Backpulver in eine Schüssel geben und vermischen.

Magerquark, Eier und die zerlassene, kalte Butter hinzugeben und unterrühren. Den Teig mit Salz und Pfeffer, Knoblauchpulver, Zwiebelpulver und 1 TL getrockneter Petersilie würzen.

Zwei runde Backformen (Durchmesser: Zirka 13 cm) mit Öl einstreichen und den Teig hinein geben. Der Teig sollte zirka 1 cm hoch sein. Bei 180 Grad zirka 15 Minuten backen. Während des Backens die Hähnchenbrust mit 1 EL Olivenöl in einer Pfanne anbraten und bei niedriger Hitze garen. Mit Salz und Pfeffer würzen.

❖ Für die Soße:

Kräuterquark, Mineralwasser, Knoblauchpulver, Zwiebelpulver, Salz, Pfeffer und etwas Süßstoff vermischen.

Die Hähnchenbrust, Zwiebel und Tomate in dünne Scheiben schneiden. Fladenbrote aufschneiden mit Fleisch, Gurken, Salat und Gemüse füllen und die Soße darüber geben.

Hot Dog Brötchen (Low Carb)

Zutaten für 4 Brötchen:

❖ **Zutaten:**

4 Eier

50 g geschmolzene Butter

100 g Kokosflocken

180 g gemahlene Mandeln

300 ml heißes Wasser

2 EL Kräuter (getrocknet)

2 TL Senf (mild)

3 TL Backpulver

1 TL Thymian

½ TL Salz

1 Prise Pfeffer

❖ **Zubereitung:**

Die Eier mit der Butter, Senf und Wasser schaumig schlagen. In einer zweiten Schüssel die trockenen Zutaten mischen, nach und nach zur Ei-Mischung geben, 30 Minuten ruhen lassen. Vier längliche Brötchen formen und für 20 Minuten bei 200 Grad in den Ofen geben. Nach Geschmack belegen.

Tipp:

Belegte Brötchen schmecken immer gut mit Salatblättern, Radieschen, Gurken.

Beerenbrot mit Eiweißpulver

❖ **Zutaten:**

200 g Eiweißpulver (Neutral)

200 g Beerenobst (tiefgekühlt)

200 g Quark

2 Eier

1 P Backpulver

2 Prisen Salz

2 – 3 Spritzer flüssiger Süßstoff

2 – 3 Prisen Zimt

1 EL Olivenöl

❖ **Zubereitung:**

Die Beeren pürieren und mit den restlichen Zutaten mischen. Zu einem Teig kneten. Sollte dieser zu klebrig sein, kann man noch 1 – 2 EL Eiweißpulver hinzufügen. Den Teig zu einem Brot formen (oder in kleinere Brötchen).

Das Backblech mit Backpapier belegen und leicht mit Olivenöl einstreichen. Das Brot darauf legen und auf mittlerer Schiene bei 170 Grad zirka 35 – 40 Minuten backen. Die Brötchen brauchen zirka 15 Minuten.

Eierkuchen mit Sucuk

❖ **Zutaten:**

6 Eier

4 SUCUK – (türkische Würstchen aus Rind, Lamm, Geflügel)

1 Möhre

1 Zwiebel

1 kleine Zucchini

1 rote Paprika

2 EL schwarze Oliven (ohne Kerne)

4 EL geriebener Käse

100 ml Sahne

3 – 4 Prisen Pfeffer

½ TL Salz

2 EL Petersilie

2 EL Olivenöl

❖ **Zubereitung:**

Ein hohes Backblech mit Olivenöl bestreichen.

Würste, Oliven, Zwiebel, Zucchini, Paprika und Karotte würfeln.

Eier, Sahne, Pfeffer und Salz mischen, alles über die Masse geben.

Mit geriebenem Käse bestreuen. Im Backofen bei 200 Grad zirka 25 Minuten backen. Mit Petersilie bestreuen.

Cremiger Ricotta Käsekuchen

❖ **Zutaten:**

1 kleine Springform

100 g gemahlene Mandeln, 2 EL Kokosflocken

60 g Xucker/Sukrin (Süßstoff)

60 g geschmolzene Butter, 1 Prise Salz

❖ **Zubereitung:**

Alle Zutaten mischen und in eine gefettete Backform geben.

❖ **Zutaten für den Belag:**

3 Eier

100 g Frischkäse, 250 g Ricotta

1 EL Eiweißpulver (Vanille)

50 ml Sahne, 2 EL Xucker/Sukrin

3 – 4 Tropfen Backaroma (Vanille)

1 TL Zitronensaft

❖ **Zubereitung:**

Eiweiß steif schlagen, alle anderen Zutaten mischen und das Eiweiß unterheben. Auf den Boden geben und bei 160 Grad im Backofen zirka 50 Minuten backen. Im Kühlschrank 2 – 3 Stunden abkühlen lassen.

Low Carb Falafel mit Joghurtsoße

❖ **Zutaten:**

500 g Wirsing

200 g gemahlene Mandeln

3 – 4 EL Eiweißpulver (neutral)

100 g Sesamkörner

500 ml Gemüsebrühe

1 Ei

½ TL Salz

Zirka 1 kg Öl (Palmfett) zum Frittieren

❖ **Zubereitung:**

Küchenfertiger Wirsing in breite Streifen schneiden (zirka 2 cm) und in der Brühe 25 Minuten gar kochen, abgießen und in eine große Schüssel geben.

Hinzu kommen Eier, Eiweißpulver, gemahlene Mandeln, Sesam und Salz.

Der Teig muss sich formen lassen, evtl. noch 1 – 2 EL Eiweißpulver dazu geben. In zirka 2 cm große Bällchen formen.

Im heißen (nicht kochen) Öl frittieren bis sie leicht braun sind.

❖ Zutaten für die Joghurtsoße:

500 g Joghurt

200 g Sahne

1 Bund Koriander (oder 2 EL getrockneter Koriander)

1 Bund Pfefferminze (oder 2 EL getrocknete Pfefferminze)

1 Bund Petersilie (oder 2 EL getrocknete Petersilie)

1 EL Zitronensaft

2 Spritzer flüssiger Süßstoff

½ TL Salz

2 Prisen Pfeffer

½ TL Chilipulver

½ TL Oregano

½ TL Thymian

❖ Zubereitung:

Den Joghurt mit der Sahne cremig rühren.

Die Kräuter, Süßstoff, Zitronensaft und Gewürze hinzu geben.

Lammfleisch-Bällchen in Curry

❖ **Zutaten:**

750 g Lammfleisch

2 getrocknete Chilischoten

1 Ei

1 Zwiebel (klein würfeln), 1 Knoblauchzehe klein hacken

1 TL gehackte Ingwerwurzel

1 MS gemahlener Zimt

½ TL Salz

2 – 3 Prisen Pfeffer

1 EL Curry

3 EL Öl

2 EL Kokosnussflocken (und 2 EL zum Verzieren)

1 ½ Liter Brühe

❖ **Zubereitung:**

Das Fleisch durch den Fleischwolf drehen (oder vom Metzger machen lassen) und mit dem Ei, den Gewürzen, und den Kokosnussflocken vermischen.

Kleine Fleischbällchen formen (2 EL - Teig) und kurz in der Pfanne anbraten. Die Brühe erhitzen und die kleinen Fleischbällchen einlegen und 15 Minuten ziehen lassen.

Mit den Kokosraspeln bestreuen.

Joghurt-Lammfleisch mit Kokos und Safran

❖ Zutaten:

1 ½ kg Lammfleisch

2 Zwiebeln (klein würfeln)

1 Knoblauchzehe klein hacken

60 g frische Ingwerwurzel

6 getrocknete Chilischoten

½ TL Kreuzkümmel

2 TL gemahlener Koriander

¼ TL gemahlener Kardamom

1/3 TL Zimt

1 TL Curry-Pulver

½ TL Safranpulver

3 TL Salz

200 g Natur-Joghurt

3 EL Kokosraspeln

❖ Zubereitung:

Das Lammfleisch in Würfel schneiden und mit den Zwiebeln anbraten. Die fein gehackten Gewürze dazugeben und 1 Stunde bei zarter Hitze mit Deckel garen. Dann den Joghurt unterrühren und wieder 5 Minuten garen.

Zum Schluss die Kokosraspel beim Servieren darüber streuen.

Scharfes Gurkengemüse

❖ **Zutaten:**

2 Schlangengurken

1 rote Paprika

1 grüne Paprika

100 ml flüssige Sahne

2 EL Crème fraîche

2 - 3 EL Olivenöl

1 EL scharfer Senf

2 - 3 Spritzer Tabasco

1 TL Knoblauchsalz

2 - 3 Prisen grünen Pfeffer

❖ **Zubereitung:**

Schlangengurken schälen, Kerne entfernen und in Spalten schneiden. Paprikas schälen, Kerngehäuse entfernen und in Streifen schneiden.

Olivenöl in einer Pfanne erhitzen und die Gurken und Paprika darin anbraten. Mit Sahne ablöschen. Senf, Tabasco und Crème fraîche unterheben und bei schwacher Hitze ca. 10 Minuten köcheln lassen.

Vor dem Servieren mit Knoblauchsalz und Pfeffer abschmecken.

Feta mit Wildkräuter-Salat

❖ **Zutaten:**

600 g Wildkräuter (Löwenzahn, Brennnessel, Bärlauch, Mangold)

3 EL Omega-3 Öl

3 EL frischen Zitronensaft

1 TL Salz

½ TL Pfeffer

2 Knoblauchzehen fein pressen

250 g Feta-Käse – in feine Würfel schneiden

❖ **Zubereitung:**

Die Kräuter gründlich waschen und in einem Sieb abtropfen lassen und im Salzwasser ca. eine Minute blanchieren.

Mit der Schaumkelle direkt in das Eiswasser tauchen und in einem Sieb abtropfen lassen.

Das lauwarme Gemüse auf eine Platte portionsweise auf Teller legen und mit den Gewürzen und dem Knoblauch bestreuen.

Darauf Feta verteilen und dann mit dem Olivenöl und dem Zitronensaft beträufeln.

Räuchertofu mit Sellerie

❖ **Zutaten:**

400 g Räuchertofu

2 Jalapeño

2 gelbe Paprika

1 rote Paprika

3 Schalotten

½ Sellerieknolle

1 Dose Kichererbsen

1 Dose stückige Tomaten

1 EL Tomatenmark

4 EL scharfer Tomatensaft

2 - 3 EL Olivenöl

1 - 2 Spritzer Sambal Oelek

1 TL Paprikapulver (scharf)

1 TL Paprikapulver (süß)

1 TL Kräutersalz

1 - 2 Prisen Cayennepfeffer

❖ Zubereitung:

Kichererbsen in einem Sieb abtropfen lassen.

Räuchertofu in Würfel schneiden. Jalapeños waschen und in kleine Würfel schneiden. Schalotten schälen und in halbe Ringe schneiden. Paprikas schälen, Kerngehäuse entfernen und in Streifen schneiden. Sellerie schälen und in kleine Würfel schneiden.

Die Pfanne heiß werden lassen, das Olivenöl hinzu geben. Jalapeños, Paprika, Schalotten, Sellerie, Tofu und Tomatenmark zufügen und anbraten.

Kichererbsen und Tomaten mit Flüssigkeit zufügen und bei schwacher Hitze ca. 12 - 17 Minuten köcheln lassen. Vor dem Servieren mit Sambal Oelek, Paprikapulver, Kräutersalz und Cayennepfeffer abschmecken.

Tipp: Sie können diese ganze Masse in eine hohe Backform geben und mit 200 g geriebenem Käse bestreuen. Bei 200 Grad ca. 25 - 30 Minuten überbacken, bis der Käse goldgelb ist.

Kamel Hackfleischpfanne

❖ **Zutaten:**

700 g Kamel Hackfleisch

4 EL Olivenöl

3 große Tomaten

2 Zwiebeln

200 ml Sahne

200 g Emmentaler Käse

½ TL Salz

2 – 3 Prisen Pfeffer

1 EL gemischte Kräuter

❖ **Zubereitung:**

Olivenöl in die heiße Pfanne geben, das Hackfleisch dazu geben. Die Zwiebeln und die Tomaten grob würfeln, zum Fleisch geben und alles gut anbraten.

Die Fleischmasse in eine Auflaufform schütten, mit der Sahne benetzen. Käse darüber streuen und im Backofen auf 200 Grad zirka 35 Minuten überbacken.

Dazu wird Low Carb Brot gereicht und Salate.

Lamm Eintopf

❖ **Zutaten:**

500 g Lammfleisch

2 Zwiebeln

150 g Aubergine

50 g Datteln

½ Zitrone, 2 EL Olivenöl

½ TL Salz, 2 – 3 Prisen Pfeffer, ½ TL Currypulver

1 Zimtstange

500 ml Gemüsebrühe

2 Zweige Thymian

1 Lorbeerblatt

❖ **Zubereitung:**

Das Lammfleisch abspulen, trocken tupfen und in Würfel schneiden. Aubergine waschen, putzen und in Stücke schneiden. Zwiebeln schälen und fein würfeln. Datteln entkernen und klein schneiden. Zitronenschale ab raspeln und die Frucht auspressen.

Einen hohen Bräter heiß werden lassen, das Olivenöl darin erhitzen und das Fleisch knusprig anbraten, würzen und bei Seite stellen. Gemüse im Bratenfond anbraten, die Gewürze, Fleisch und Datteln zugeben und die Gemüsebrühe dazu geben. Alles aufkochen und zirka 25 Minuten schmoren lassen.

Zitronenschale, den Saft und Thymian hinzugeben. Weitere 25 Minuten leicht schmoren lassen. Zimtstange und Lorbeerblätter herausnehmen. Lamm-Topf abschmecken.

Okra mit Hackfleisch

❖ **Zutaten:**

500 g Hackfleisch (wie gewohnt mit Gewürzen/Zwiebeln braten)

750 g Okra

2 Zwiebeln

2 Knoblauchzehen

2 Tomaten - fein hacken

Etwas frischen Ingwer

Je 2 TL Kreuzkümmel, Koriander, frische Kräuter

Je ½ TL Fenchelsamen (gemahlen), Cayennepfeffer, Kurkuma

1 TL Salz

4 EL Öl

200 ml Fleischbrühe

❖ Zubereitung:

In die heiße Pfanne etwas Öl hinein geben und eine Schicht Okra hinein geben. 3 – 4 Minuten von allen Seiten anbraten und aus der Pfanne nehmen. Schicht für Schicht braten. Zwiebeln in die Pfanne geben, anbraten und den Knoblauch/Ingwer und Gewürze hinzu geben. Zum Schluss die Tomaten.

Die Fleischbrühe dazu geben und zirka 25 Minuten auf kleiner Flamme mit geschlossenem Deckel schmoren.

Auf dem Teller anrichten und das Hackfleisch dazu legen.

Man kann das Ganze auch in eine Auflauf-Form geben und mit Käse kurz im Backofen bei zirka 200 Grad – 20 Minuten überbacken.

Infos:

Vor über 3000 Jahren wurde das Gemüse „Okra" in Ostafrika kultiviert. Die Hauptanbaugebiete sind Kenia, Indien, Thailand, Süd-, Mittel- und Nordamerika, der Orient und auch die Mittelmeerländer. Wer Okras schon mal gegessen hat, beschreibt ihren Geschmack als mild und auch säuerlich-pikant. Manche sagen auch, Okras schmecken wie eine Mischung aus grünen Bohnen und Stachelbeeren.

Lamafilets in Ananas-Curry

❖ **Zutaten:**

4 Lamafilets à 2 - 3 cm dick

2 Zwiebeln

2 Lauchstangen

1 Möhre

100 ml flüssige Sahne

3 EL Crème fraîche

6 EL zuckerfreie Ananasstücke

2 – 3 EL Olivenöl

½ TL süßer Senf

½ TL Honig

2 – 3 TL Currypulver

1 TL Paprikapulver (süß)

½ TL Paprikapulver (scharf)

1 TL Salz

2 – 3 Prisen Pfeffer

Alufolie

❖ Zubereitung:

Lamafilets zirka 1 Stunde vor dem Zubereiten aus dem Kühlschrank nehmen, waschen und trocken tupfen. Zwiebeln, Lauch, Möhre schälen und fein hacken.

Olivenöl in einer Pfanne erhitzen. Lamafilets zufügen und bei starker Hitze von beiden Seiten zirka 2 Minuten scharf anbraten.

Fleisch herausnehmen, in Alufolie wickeln und zirka 10 Minuten im Backofen bei 120 Grad ziehen lassen. Darauf achten, dass das Fleisch innen zartrosa bleibt.

Ananasstücke, Zwiebeln, Lauch und Möhre in den Bratensud geben und anbraten. Sahne und Crème fraîche zufügen, aufkochen lassen und mit Honig, Senf, Pfeffer und Currypulver abschmecken.

Das Fleisch aus dem Backofen nehmen, zirka 5 Minuten ruhen lassen, etwas salzen und aufschneiden.

Lamafilets auf Tellern anrichten und mit der Ananas-Curry-Soße beträufeln.

Fischsuppe

❖ **Zutaten:**

1 Lauchzwiebel

200 g Zucchini

200 g Kohlrabi

1 Möhre

1 EL Olivenöl

0,1 g Safranfäden

1 EL Tomatenmark

½ TL Harissa (Chilipaste)

½ TL Kreuzkümmelsamen

200 ml Fischfond

400 g Kabeljaufilet

½ Bund Petersilie

½ TL Salz

3 Prisen Pfeffer

400 ml Wasser

❖ Zubereitung:

Lauchzwiebel und Kohlrabi schälen und in kleine Würfel schneiden. Zucchini, Möhre putzen und würfeln. Olivenöl in einem großen Topf erhitzen, die Lauchzwiebel mit Safran, Tomatenmark und Harissa darin andünsten. Gewürze zugeben und kurz mitbraten.

Gemüse hinzugeben und unter Rühren andünsten. Fischfond und 400 ml Wasser hinzufügen.

Alles aufkochen und zirka 10 Minuten kochen lassen. Fisch abspülen, in Stücke schneiden. Petersilie waschen und klein hacken.

Fischstücke zur Suppe geben und darin etwa 10 Minuten bei mittlerer Hitze garen. Suppe mit Salz und Pfeffer abschmecken.

Die Suppe mit Petersilie bestreuen.

Sauer eingelegtes Gemüse

❖ Zutaten:

200 g Rettich, 1 kleine Möhre

200 g Salatgurke, 100 g Fenchel

1 Lauchzwiebel

1 Zitrone

1 EL Fenchelsamen, 1 TL Koriandersamen

1 Zimtstange

300 ml Weißweinessig

½ EL Streusüße

100 g grüne Oliven

1 EL Salz

❖ Zubereitung:

Rettich, Möhre, Salatgurke, Fenchel und Lauchzwiebel waschen und in dünne Scheiben schneiden. Gemüse in der Schüssel mit 1 EL Salz mischen, zirka 40 Minuten ziehen lassen. Das Gemüse in ein Sieb geben und mit kaltem Wasser abspülen, gut abtropfen lassen.

Zitronenschale mit einem Messer dünn abschälen und die Frucht auspressen. Fenchelsamen, Koriandersamen und Zimt im Mörser zerdrücken. Zitronenschale, den Saft, Weißweinessig, Gewürze, und Streusüße mischen. Das Gemüse mit den Oliven in ein großes, steriles Einmachglas füllen, mit Essigmischung übergießen. Abgedeckt 4 Stunden in den Kühlschrank stellen. Das Glas hält sich gekühlt 3 – 4 Tage.

Joghurt Suppe

❖ **Zutaten:**

1 Zucchini

1 kleine Möhre

1 gelbe frische Paprika

1 kleine Zwiebel, 1 Knoblauchzehe

1 EL Zitronensaft

300 g Joghurt

400 ml Gemüsebrühe

2 Eier

2 EL Olivenöl

½ TL Salz

3 – 4 Prisen Pfeffer

2 EL Kräuter

❖ **Zubereitung:**

Paprika, Möhre, Zucchini putzen, waschen und würfeln, Knoblauchzehe, Zwiebel sehr klein würfeln. Paprika, Möhre, Zucchini, Zwiebel in Olivenöl andünsten, zum Schluss den Knoblauch dazu geben. Den Joghurt mit der Brühe und den Eiern im Topf verquirlen und unter ständigem Rühren heiß werden lassen (nicht kochen).

Den Topf vom Herd nehmen und mit Salz und Pfeffer abschmecken. Die Joghurtsuppe mit einem Stabmixer aufschäumen und das Gemüse in die Suppe geben, mit den frischen Kräutern bestreuen.

Hackfleisch-Kichererbsensuppe

❖ **Zutaten:**

400 g Hackfleisch

250 g Joghurt

100 g gegarte Kichererbsen

100 g rote Linsen

1 große Zwiebel, 1 Knoblauchzehe

1 Bund Petersilie, 1 Bund Schnittlauch

1 Bund Koriander, 1 Bund Dill, 2 EL Minzeblätter

100 g saure Sahne

½ TL Salz, 2 – 3 Prisen Pfeffer, 1 TL Kurkuma

4 EL Olivenöl, 750 ml Wasser

❖ Zubereitung:

Zwiebel schälen und klein schneiden. Das Hackfleisch mit der halben Zwiebel mischen, salzen, pfeffern und Bällchen (Tennisballgröße) daraus formen.

2 EL Olivenöl in einem großen Topf erhitzen und die restliche Zwiebelmasse darin goldbraun braten, Salz, Pfeffer und die Hälfte der Kurkuma unterrühren, mit 750 ml Wasser aufgießen.

Die Kichererbsen mit dem Sud zusammen zu den Linsen geben und aufkochen lassen. Die Hackbällchen hineinlegen und die Suppe nochmals 20 – 25 Minuten köcheln lassen. Kräuter waschen und trockentupfen, fein hacken, Minze zur Seite legen. Die Kräuter in die Suppe geben und weiter köcheln lassen.

Knoblauch in dünne Scheiben schneiden. 2 EL Olivenöl in einer kleinen Pfanne erhitzen, den Knoblauch und die restliche Kurkuma leicht anbraten, Minze dazugeben und die Pfanne vom Herd nehmen.

Joghurt mit etwas heißer Suppe mischen und in die Suppe rühren. Die Suppe darf nicht mehr kochen. Die Knoblauchmasse aus der Pfanne zur Suppe geben.

Gratinierte Tofubällchen

❖ **Zutaten:**

300 g Tomaten

300 g Zucchini

200 g Tofu

100 g geriebenen Parmesan

1 Zwiebel, 1 Knoblauchzehe

3 Zweige Thymian

30 g gemahlene Mandeln

1 Ei

3 EL Olivenöl

½ TL Salz (3 mal)

2 – 3 Prisen Pfeffer (2 mal), 2 – 3 Prisen Chilipulver

❖ **Zubereitung:**

Zucchini waschen, putzen und in feine Scheiben schneiden, in eine hohe Backform geben, mit Salz und Pfeffer mischen. Tomaten waschen, fein würfeln und die Stielansätze entfernen, Zwiebel und Knoblauch schälen und fein hacken. Den Thymian waschen, trocken schütteln und Blättchen abstreifen. Tomaten, Zwiebel, Knoblauch und Thymian mit 2 EL Öl vermischen, salzen, pfeffern und auf den Zucchini verteilen.

Tofu mit der Gabel fein zerdrücken, mit Parmesan, Mandeln, Ei, Salz und Chilipulver sehr gründlich mischen und zu kleinen Bällchen (tischtennisballgroß) formen, auf dem Gemüse verteilen, mit dem restlichen Öl beträufeln und im Backofen bei 200 Grad 35 Minuten backen.

Joghurt Suppe mit Spinat

❖ **Zutaten:**

400 g Blattspinat oder 300 g TK-Spinat

400 g Joghurt

1 Zwiebel

2 Knoblauchzehen

1 Möhre

½ Blumenkohl

750 ml Wasser

3 EL Olivenöl

2 TL Salz für das Kochwasser

½ TL Salz, 3 Prisen Pfeffer

2 EL frische Kräuter

❖ **Zubereitung:**

Zwiebel, Möhre, Blumenkohl und den küchenfertigen Spinat klein schneiden. Das Olivenöl in einem hohen Topf erhitzen und die Zwiebel darin dünsten. Den Spinat, Möhre, Blumenkohl und das Wasser dazugeben und bei mittlerer Hitze mit geschlossenem Deckel zirka 35 Minuten kochen.

In der Zwischenzeit den Joghurt in eine Schüssel geben. Den Knoblauch schälen, durch die Knoblauchpresse drücken und zu dem Joghurt geben. Mit Salz und Pfeffer würzen.

Die Joghurtmischung zu dem garen Gemüse geben. Achtung: Die Suppe darf nicht mehr kochen! Mit Kräutern bestreuen.

Auberginenlasagne

❖ Zutaten:

4 Auberginen

1 kg Tomaten

60 g Parmesankäse

100 g geriebener Käse

1 kleine Zwiebel

2 Knoblauchzehen

1 Bund frischer Basilikum

1 EL getrockneter Thymian

5 EL Olivenöl

3 EL Kürbiskernöl

50 g Kürbiskerne und 30 g für die Garnitur

1 EL Balsamicoessig

½ TL Salz

2 – 3 Prisen Pfeffer

❖ Zubereitung:

Auberginen waschen, die Stielansätze entfernen und längs in 2 cm dünne Scheiben schneiden. 3 EL Olivenöl mit Thymian, Salz und Pfeffer verrühren. Auberginenscheiben auf ein Backblech verteilen, mit dem Öl bestreichen und 7 Minuten bei 180 Grad im Backofen backen. Scheiben wenden, weitere 7 Minuten backen.

❖ Für die Soße:

Tomaten waschen und vierteln, den geschälten Knoblauch und Zwiebel würfeln. Öl in einer Pfanne erhitzen, Knoblauch und Tomaten darin kurz anbraten und 10 Minuten leicht schmoren. Aus der Pfanne nehmen und durch ein Sieb streichen. Mit Salz und Pfeffer abschmecken.

❖ Für das Pesto:

Basilikum waschen, Blätter mit Kürbiskernen, Kürbiskernöl und Essig zu einem Pesto pürieren.

Die Lasagne auf 2 Tellern anrichten. Als erste Schicht: Auf jeden Teller 4 Auberginenscheiben legen und mit dem Pesto bestreichen. Dann wieder Soße und wieder 1 Scheibe Aubergine pro Teller mit Pesto bestreichen. Alles genauso weiterschichten. Mit Aubergine abschließen. Parmesan über die Lasagne hobeln. Mit Kürbiskernen garniert servieren.

Orientalische Tofu-Saté

❖ **Zutaten:**

400 g Tofu

2 dünne Stangen Lauch

1 Zwiebel

20 kleine Champignons

5 EL Sojasoße

2 Zitronen

1 EL Essig

7 EL Olivenöl

4 gehäufte EL Erdnussmus (zirka 200 g)

1 TL Chilipulver

1 TL Ingwerpulver

1 EL Honig

½ TL Salz

2 – 3 Prisen Pfeffer

20 Holzspießchen

300 ml Wasser

❖ Zubereitung:

Den Lauch waschen, in 20 Stücke schneiden. Die Stücke in ein Metallsieb oder einen Siebeinsatz geben und über kochendem Wasser im geschlossenen Topf zirka 4 Minuten dämpfen. Die Champignons putzen und den Tofu in 20 Stücke schneiden. Die Zitronen auspressen.

6 EL Zitronensaft, 3 EL Sojasoße, 4 EL Öl, Ingwer- und Chilipulver, Honig und mit Salz und Pfeffer verrühren. Tofu, Champignons und Lauch mit der Marinade übergießen und durchziehen lassen.

Inzwischen für die Erdnusssoße die Zwiebel schälen, fein hacken und in 1 EL Öl kurz dünsten. Das Erdnussmus, 300 ml Wasser, die Chilisoße, den Essig und 1 EL Sojasoße dazugeben und verrühren.

Bei mittlerer Hitze zirka 3 Minuten schwach kochen lassen, mit Salz und Pfeffer abschmecken.

Den Tofu, die Champignons und den Lauch abwechselnd auf Holzstäbchen spießen (den Lauch quer zur Schnittfläche aufspießen). Die Spieße portionsweise in 2 EL Öl bei mittlerer Hitze zirka 7 Minuten rundum goldgelb braten und mit der Soße servieren.

Auberginenpaste

❖ **Zutaten:**

1 große Aubergine

½ Zwiebel

1 Knoblauchzehe

1 EL frische Kräuter

1 TL gemahlene Sesamkörner

1 TL Salz für das Kochwasser

½ TL Salz

2 Prisen Pfeffer

1 EL Zitronensaft

❖ **Zubereitung:**

Aubergine schälen und im Salzwasser 10 – 15 Minuten kochen und mit einem Holzlöffel zerdrücken.

Knoblauchzehe pressen, Zwiebel sehr fein schneiden, Zitronensaft und Kräuter mit dazu geben.

Mit Salz und Pfeffer abschmecken.

Low Carb Zitronenlimonade

❖ **Zutaten:**

500 ml Mineralwasser

4 TL frischen Zitronensaft

2 – 3 Spritzer flüssiger Süßstoff

Gefrorene Zitronen-Eiswürfel (8 Stunden vorher frosten)

❖ **Zubereitung:**

Alle Zutaten in eine Kanne geben und umrühren.

Tipp: Gefrostete Rosenblätter in Eiswürfeln sehen sehr toll aus!

Low Carb Fladenbrot

❖ **Zutaten:**

200 g Frischkäse

6 Eier

1 EL Sesamkörner, 1 EL Leinsamen

1 P Backpulver, ½ TL Salz

1 EL Olivenöl

❖ **Zubereitung:**

Eier trennen und das Eiklar sehr steif schlagen.

In einer zweiten Schüssel das Eigelb und den Frischkäse schaumig rühren.

Sesamkörner, Leinsamen und Salz dazugeben, Eischnee vorsichtig unterheben.

Backpapier mit dem Olivenöl einstreichen.

Auf dem Backblech 6 platte Häufchen verteilen und bei 160 Grad zirka 25 – 30 Minuten backen.

Mango und Zucchini Salat

❖ **Zutaten:**

4 Zucchini

2 reife Mango

4 EL Sojasoße

½ TL Salz

2 Prisen Pfeffer

½ TL Curry

❖ **Zubereitung:**

Zucchini waschen und fein raspeln.

Mango schälen und vierteln. Ein Viertel in feinste Streifen schneiden. Aus den anderen Vierteln den Saft auspressen.

Die Sojasoße mit dem Mango-Saft verrühren und mit den Gewürzen abschmecken.

Gemüsetorte mit Champignons

❖ **Zutaten:**

300 g Champignons

2 rote Paprikaschoten

100 g Räucherspeck

4 Eier

1 Zwiebel

200 g gemahlene Mandeln

100 g gemahlene Haselnüsse

2 EL Eiweißpulver

200 geriebener Hartkäse

½ TL Salz (2 x)

2 – 3 Prisen Pfeffer (2 x)

2 EL Olivenöl für die Form

2 EL Wasser

❖ Zubereitung:

Geputzte Champignons in Scheiben schneiden, gewaschene Paprikas und Zwiebel klein würfeln. Den gewürfelten Speck in einer Pfanne mit 1 EL Olivenöl knusprig ausbraten.

Champignons und Zwiebel dazugeben und alles bei schwacher Hitze zirka 20 Minuten braten, dabei die Feuchtigkeit verdampfen lassen, vom Herd nehmen und mit Salz und Pfeffer würzen.

Die Form ölen, die Eier trennen.

Die Eiweiße zu steifem Schnee schlagen, die Eigelbe mit 2 EL warmem Wasser cremig schlagen, mit Salz und etwas Pfeffer würzen, den Eischnee vorsichtig unterheben.

Das Eiweißpulver mit den gemahlenen Mandeln mischen und darüber streuen. Alles vorsichtig vermischen und den Teig in der vorbereiteten Form glatt streichen.

Den Boden im Backofen bei 180 Grad zirka 12 Minuten vorbacken.

Den Boden aus dem Ofen nehmen, die gemahlenen Haselnüsse auf den Teig streuen und 100 g Hartkäse mit der Gemüsemischung mischen und auf dem Boden verteilen.

Den restlichen Käse darauf streuen. Den Kuchen noch 20 Minuten bei 180 Grad backen.

Merguez-Salat

❖ **Zutaten:**

6 – 8 Merguez-Würstchen (Lammwürstchen)

6 Tomaten

2 rote Paprikaschoten

4 rote Zwiebeln

1 Knoblauchzehe

2 Zweige Dill

1 Dose Artischockenböden

2 Limetten (bio)

3 EL Olivenöl

1 TL Ras el Hanout (Ras el Hanout ist eine marokkanische Gewürzmischung, die besonders gut zu Couscous- und Fleischgerichten passt)

3 EL Kapern

½ TL Salz

2 – 3 Prisen Pfeffer

❖ Zubereitung:

Tomaten waschen und quer halbieren, Paprika waschen, entkernen und in breite Streifen schneiden, Zwiebeln schälen und die Artischocken abtropfen lassen.

❖ Für den Dressing:

Die Limettenschale ab raspeln, Früchte auspressen, Knoblauch schälen und sehr fein hacken. Dill hacken.

Den Limettensaft mit Schale, 1 EL Olivenöl, Knoblauch, Ras el Hanout und Kapern verquirlen und mit Salz und Pfeffer würzen.

Restliches Öl in einer Grillpfanne erhitzen und das Gemüse darin nacheinander jeweils zirka 6 Minuten anbraten, herausnehmen und in eine Auflaufform füllen. Mit Dressing übergießen. Zirka 40 Minuten marinieren lassen.

Würstchen in der Grillpfanne oder im Backofen unterm Grill knusprig braten. Mit dem Salat servieren.

Gulasch

❖ **Zutaten:**

400 g Rindergulasch

300 g Rinder-Hackfleisch

2 Zwiebeln

1 Paprikaschote

1 Möhre

1 Dose Pfirsiche (ohne Zucker)

½ L Tomatensaft

200 ml Fleischbrühe

1 TL Currypulver

½ TL Sambal Oelek

1 TL Salz

½ TL Chilipulver

1 TL Oregano (getrocknet) fürs Hackfleisch

½ TL Chilipulver fürs Hackfleisch

½ TL Currypulver fürs Hackfleisch

½ TL Salz fürs Hackfleisch

1 TL Zitronensaft

1 EL Olivenöl (für den Zitronensaft)

3 EL Olivenöl

❖ Zubereitung:

Fleisch in einer sehr hohen Pfanne (für den Backofen) zirka 10 Minuten sanft anbraten.

Zwiebeln, Möhre und Paprika klein würfeln und hinzu geben und zirka 10 Minuten auf kleiner Stufe anbraten. Mehrmals umrühren. Brathitze auf kleinste Stufe stellen. Mit Currypulver, Salz, Chilipulver, Oregano würzen.

Das Hackfleisch würzen und kleine Bällchen formen (gehäufter EL). Die Bällchen auf das Fleisch schichten. Pfirsiche vierteln und ohne Saft darauf legen. Sambal Olek, mit dem Zitronensaft, Tomatensaft, Fleischbrühe und dem 1 EL Olivenöl vermischen und über die Fleisch/Pfirsich-Masse geben.

Topfdeckel auflegen (oder mit Alufolie abdecken) und ohne zu rühren für zirka 2 Stunden bei 180 Grad in den Backofen geben. Probieren Sie dann ein Stück Fleisch. Wenn das Fleisch gar ist, erst dann alles unterheben.

Chili Ketchup

❖ **Zutaten:**

300 g reife Tomaten

100 g rote Paprika

1 Möhre

2 Zwiebeln

1 Knoblauchzehe

2 TL flüssiger Süßstoff

200 ml Essig

1 TL Sojasoße

1 TL Paprikapulver (süß)

1 Habanero

1 TL Dill

1 TL Petersilie

1 TL Schnittlauch

1 TL Liebstöckel

1 Lorbeerblatt

1 TL Johannisbrotkernmehl (mit 2 EL Wasser anrühren)

1 TL Salz

2 – 3 Prisen Pfeffer

❖ **Zubereitung:**

Küchenfertige Möhre, Tomaten, Paprika, Habanero und Zwiebeln in kleine Würfel schneiden, den Knoblauch pressen und mit einem Lorbeerblatt kurz aufkochen und 15 Minuten schwach weiter kochen.

Die Masse durch ein Küchensieb streichen.

Die anderen Zutaten und Gewürze hinzugeben und mit Salz und Pfeffer abschmecken.

Das Ganze 50 Minuten auf mittlerer Temperatur köcheln lassen.

Der Ketchup sollte dickflüssig sein. Eventuell noch 1 TL Johannisbrotkernmehl hinzu geben und weitere 10 Minuten köcheln lassen.

In ein „sterilisiertes" Glasgefäß füllen und abkühlen lassen.

Gekühlt ist der Ketchup ein paar Wochen haltbar.

Arabischer Hackbraten

❖ Zutaten:

700 g Rinderhackfleisch

2 Zwiebeln, 2 Knoblauchzehen

1 Möhre

2 EL Rosinen, 3 EL Pinienkerne

250 gemahlene Mandeln

2 Eier

2 EL gehackte, frische Minze

1 TL Currypulver, 1 TL Paprikapulver

1 TL Salz, ½ TL Pfeffer

2 EL Olivenöl, 2 EL Sahne

❖ Zubereitung:

Rosinen 30 Minuten in heißem Wasser einweichen (Rosinen sollen mit Wasser bedeckt sein).

Pinienkerne ohne Fett in einer Pfanne ein paar Minuten anrösten, bis sie duften und sich hellbraun färben. Das Hackfleisch, Pinienkerne, Minze, Sahne und die gemahlenen Mandeln in eine große Schüssel geben.

Küchenfertige Möhre und Zwiebeln klein würfeln, Knoblauch pressen und zu der Hackfleischmasse geben. Die Rosinen abtropfen lassen und mit den Eiern und den Gewürzen zum Hackfleisch geben und zu einem Hackbraten formen. Anschließend in eine gefettete Auflaufform geben und im Backofen bei 180 Grad zirka 60 – 70 Minuten garen.

Arabische Zwiebelsuppe

❖ **Zutaten:**

5 Zwiebeln

2 Lauchzwiebeln

1 rote Paprika, 1 gelbe Paprika

3 Tomaten

2 Knoblauchzehen, 1 kleine rote Chilischote

750 ml Gemüsebrühe

1 kleiner Bund Minze, 1 kleiner Bund Koriander

2 EL Zitronensaft

½ TL Salz, 2 – 3 Prisen Pfeffer

3 EL Olivenöl

❖ **Zubereitung:**

Zwiebeln Lauchzwiebeln, Paprika schälen und in dünne Scheiben schneiden. Tomaten schälen und in Scheiben schneiden, Knoblauch grob hacken, Chilischote (Kerne entfernen) in Ringe schneiden, Kräuterblätter von den Stielen lösen und grob hacken.

Olivenöl in einem Topf erhitzen und die Zwiebeln, Lauchzwiebeln darin leicht andünsten. Paprika, Tomaten und Knoblauch zugeben und zirka 20 Minuten bei leichter Hitze dünsten und die Brühe zu gießen, die Hälfte der Kräuter zugeben. Kurz aufkochen lassen und bei reduzierter Hitze 10 Minuten köcheln lassen. Mit Salz, Pfeffer und Zitronensaft abschmecken. Mit den Kräutern bestreuen und servieren.

Gemüse mit Erdnuss-Soße

❖ **Zutaten:**

500 g frische grüne Bohnen (gar kochen)

4 Möhren (gar kochen)

500 g frischen Blumenkohl (gar kochen)

½ Staude Chinakohl

½ Salatgurke (in dünne Scheiben schneiden)

2 Kartons Kresse (klein schneiden)

5 hart gekochte Eier (vierteln)

½ TL weißer Pfeffer

½ TL Salz

Das Gemüse auf die Teller anrichten und würzen. Die Erdnuss-Sauce darüber geben.

❖ Zutaten für die Soße:

7 EL Erdnussöl

2 EL getrocknete Zwiebeln

2 Knoblauchzehen (zerdrücken)

2 TL Sambal Oelek

½ TL Shrimp-Paste

4 EL Erdnussbutter (ohne Zucker)

½ TL Salz

2 – 3 Prisen Pfeffer

2 EL Sojasoße

Ein paar Spritzer flüssiger Süßstoff

1 EL Zitronensaft

❖ Zubereitung:

Öl erhitzen und die Zwiebel darin goldgelb braten, abtropfen lassen. 2 EL Öl in die Pfanne und den Knoblauch, Shrimp-Paste und den Sambal Oelek darin anbraten.

Die Erdnussbutter und 1/8 Liter Wasser zufügen und ein paar Minuten kochen lassen.

Die Soße mit den Gewürzen abschmecken und die Zwiebelflocken unterrühren.

Das Eiweißpulver

Eiweißpulver (Proteinpulver) als Mehlersatz

Das Eiweißpulver ist das Multitalent der kohlenhydratreduzierten Küche. Backen und Kochen ist die Leidenschaft von Jutta Schütz. Vor allem hat es der Autorin die gesunde Low Carb Küche angetan und die Entwicklung immer neuer Backrezepte mit Eiweißpulver.

Eiweißpulver als Mehlersatz wird immer beliebter in der Low Carb Ernährung, das Pulver hat je nach Firma einen Kohlenhydratwert von zirka 0,8 bis 5,0 pro 100 g.

Das Eiweißpulver wird von Sportlern „eigentlich" für den Muskelaufbau benutzt, es eignet sich aber auch sehr gut zum Backen und Kochen in einer kohlenhydratarmen Ernährung.

Man bekommt dieses Pulver in allen möglichen Geschmacksrichtungen (auch mit neutralem Geschmack) und kaufen kann man es in Sportgeschäften, Bodybuilder Shops, großen Supermärkten und Reformhäusern.

Wer mehr Infos über das Eiweißpulver erfahren möchte, gibt dieses Wort einfach als Suchfunktionswort ein.

Johannisbrotkernmehl

Johannisbrotkernmehl wird aus dem gemahlenen Samen des Johannisbrotbaumes gewonnen. Diese Pflanze wächst hauptsächlich in den Mittelmeerländern. Die getrockneten Früchte des Strauches sind das Johannisbrot, die geschälten Kerne (Samen) dienen zur Herstellung des Johannisbrotkernmehls.

Das Johannisbrotkernmehl ist in heißem Wasser löslich. In kaltem Wasser bildet es Gele. Daher wird es als Verdickungsmittel und Stabilisator eingesetzt. Johannisbrotkernmehl wird oft in der Low Carb Ernährung benutzt wie z. B. für Soßen, Marmeladen, Gelees, Speiseeis, Backwaren, Obst- und Gemüsekonserven.

Johannisbrotkernmehl wirkt als Ballaststoff und gilt als unbedenklich. Ein übermäßiger Verzehr kann abführend wirken und in Einzelfällen kann Johannisbrotkernmehl Allergien auslösen. Z. B. bei Soja-Allergikern kann es unter Umständen zu Kreuzallergien mit diesem Zusatzstoff kommen. Das Johannisbrotkernmehl gibt es in Supermärkten oder Reformhäusern und Bioläden zu kaufen. Johannisbrotkernmehl ist Gluten frei, geschmacksneutral, und frei von verwertbaren Kohlenhydraten. Es ist ohne Anrechnung von BE (Broteinheiten) zu verwenden.

1g = ½ Teelöffel = 1 Portion Johannisbrotkernmehl reicht für zirka 100 ml Soße oder kalte Flüssigkeit bzw. 200 ml Suppe oder Speisen, die nur wenig gebunden werden müssen. Kurz: Johannisbrotkernmehl ist ein natürliches Binde- und Verdickungsmittel - als Alternative zu Mehl und Eigelb.

Buchdaten:
Die sanfte Umstellung auf Low Carb
Für Einsteiger - Theorie und Praxis
Mit 108 Rezepten
Autorin: Jutta Schütz
Verlag: Books on Demand
ISBN-13: 9783752849141
(Paperback) 212 Seiten
Auch als E-Book erhältlich
ISBN-13: 9783752883091
Erscheinungsdatum: 30.04.2018
Sprache: Deutsch

Das neue Buch "Die sanfte Umstellung auf Low Carb" ist für Neulinge und Einsteiger genau richtig. Neben Theorie und Praxis gibt es noch 108 kohlenhydratarme Rezepte.

Eine sanfte Umstellung auf Low Carb

Umstellung auf eine kohlenhydratarme Ernährung

Die kohlenhydratarme Ernährungsform "Low Carb" ist ein dehnbarer Begriff und Sie sollten selbst entscheiden, wie viele Kohlenhydrate Sie aufnehmen möchten. Nutzen Sie für Ihre Ernährung gute Kohlenhydrate.

Gute Kohlenhydrate stecken in:

- Gemüse
- Salat
- Obst
- Nüssen
- Milchprodukten
- Vollkorn

Meiden Sie raffinierten Zucker, Mehlspeisen, Reis, Kartoffeln und zuckerhaltige Getränke. Zum Anfang würde ich einen Richtwert von zirka 100 g Kohlenhydraten pro Tag veranschlagen.

Wie Ihre Kohlenhydratbilanz aussehen soll, müssen Sie selbst entscheiden.

Betrachten Sie diese Kohlenhydrate- (KH) Angaben als Richtlinie und nicht als Regel. Bei jeder Low Carb Methode ist es unmöglich die exakte Menge an KH zu errechnen, auch die Spezialisten können das nicht.

Wenn Sie dieses Buch gekauft haben, und es Ihnen nur ums abzunehmen geht, dann sollten Sie nach einer gewissen Zeit (ab 2 Wochen zirka) die KH auf zirka 35 bis 50 KH pro Tag reduzieren. Jeder Körper hat einen anderen Stoffwechsel. Probieren Sie einfach aus, wie viele KH Sie essen dürfen, um immer noch abzunehmen.

Wenn Sie Diabetiker (Typ 2) sind und Sie möchten Ihren Blutzuckerspiegel reduzieren, dann essen Sie pro Tag 60 – 90 KH. Bitte besprechen Sie sich mit Ihrem Arzt, auch wenn er von Low Carb nichts hält.

Als Patient sind Sie nicht entmündigt. Sie haben das Recht, selbst zu entscheiden. Sie können sich auch mit Ihrer Krankenkasse besprechen.

Haben Sie aber einen Arzt, der mit Ihnen diesen Low Carb Weg gehen möchte, dann wird er Ihren Zuckerspiegel regelmäßig kontrollieren.

Buchdaten:
LOW CARB für Senioren -
Kohlenhydratarme Ernährung
Autorin: Jutta Schütz
Verlag: Books on Demand
ISBN-13: 9783752877427
Paperback - 56 Seiten
Erscheinungsdatum: 28.05.2018
Sprache: Deutsch
Auch als E-Book erhältlich.

Vitalität und Wohlbefinden sind wesentliche Voraussetzungen für gute Lebensqualität bis ins hohe Alter und eine gesundheitsbewusste Lebensführung zögert die Alterungsvorgänge hinaus.

Histaminarmes LOW CARB
Theorie und Praxis
Autorin: Jutta Schütz
Paperback - 60 Seiten
ISBN-13: 9783738637458
Verlag: Books on Demand
Erscheinungsdatum: 24.08.2015
Sprache: Deutsch

Histamin wird im Körper bei allergischen Reaktionen freigesetzt. Dieser wird jedoch nicht nur im Körper produziert, sondern ist auch in vielen Lebensmitteln zu finden.

N E U
Magenfreundliches LOW CARB
Rezepte für Berufstätige
Jutta Schütz
Paperback - 64 Seiten
ISBN-13: 9783749409402
Verlag: Books on Demand
Erscheinungsdatum: 20.02.2019
Sprache: Deutsch

53 kohlenhydratarme Rezepte.
Viele verschiedene Magenprobleme
sowie auch Verdauungsprobleme führen
zu Sodbrennen, Völlegefühl,
Bauchkrämpfe, Blähungen bis hin zu
täglichen Durchfällen.

Dies kommt oft von einer falschen Ernährungsweise und von zu vielen Kohlenhydraten. Der kohlenhydratarme Ernährungsstil LOW CARB hat sich nicht nur in der Verdauungsarbeit sehr gut bewährt, auch ein gestörter Stoffwechsel beim Diabetes Typ 2 wird durch die Stabilisation des Blutzuckerspiegels korrigiert.

Dieses Kochbuch liefert Ihnen leckere und unkomplizierte, kohlenhydratarme (Low Carb) Rezepte, mit denen Sie eine gesunde und ausgewogene Mahlzeit auf den Tisch zaubern.

Damit die Ernährungsumstellung auch im Arbeitsalltag locker funktioniert, ist vor allem wichtig, dass sich die Rezepte gut vorbereiten lassen. Auch wer unter Magenprobleme leidet, muss nicht auf leckeres Essen verzichten.

Dies ist das 4. Low Carb Buch in der Reihe für Berufstätige.

Weitere Low Carb Bücher finden Sie auf der Webseite der Autorin. https://www.jutta-schuetz-autorin.de/

FSC
www.fsc.org

MIX

Papier aus ver-
antwortungsvollen
Quellen
Paper from
responsible sources

FSC® C105338